Cartoons für **Segler**

Peter Butschkow

Cartoons für **Segler**

Lappan

DER AUTOR

Peter Butschkow, im August 1944 in Cottbus bei Berlin geboren, studierte Grafik-Design in Berlin.
Nach Abschluß angestellt, später freiberuflich als Grafik-Designer gearbeitet.
1979 Abkehr vom Werbebetrieb und von Berlin.
Nach fünf Jahren Dorfleben im Bergischen Land nach Hamburg gezogen. Lebt seit 1988 mit Lebenspartnerin und zwei Söhnen wieder im Grünen in Nordfriesland.
Arbeitet für diverse Zeitschriftenverlage und für einen Cartoonbuchverlag: Lappan

8. – 11. Tausend
2. Auflage Januar 2002

Konzept und Gestaltung: Dieter Schwalm
Gesamtherstellung: New Interlitho S.P.A., Printed in Italy
ISBN 3-8303-4059-1

WASSER IST DOCH EINE MÄCHTIGE NATURGEWALT!
ABER WIRKLICH! WIR HATTEN MAL EINEN ROHRBRUCH ZUHAUSE...

ICH HABE SEIT TAGEN NICHT MEHR GEDUSCHT!
DRUM SIND DIE STRASSEN SO LEER!
BATSCHKOWKE

WE ARE SAILING,
WE ARE SAILING...!

IN SOLCHEN MOMENTEN KONZENTRIEREN SICH DIE GEDANKEN ALLEIN AUF DAS WESENTLICHE!
SITZT DER ANKER?
BRITSCHGOW

WOLLEN SIE NICHT MIT MIR SÜSSEN AM WOCHENENDE SÖGELN GEHEN, FRÄULEIN KNOTT?

NULL WIND!
GEDULD! HOTTE KOCHT GRADE SEINEN BERÜHMTEN BOHNENEINTOPF!
BUTSCHKOW

HORST GEHT LENZEN!
TETSCHKOWSKI

MEINE LETZTE WELT-UMSEGELUNG LIEGT NOCH NICHT LANGE ZURÜCK!
KANNSTE AUCH BEI STARKEM SEEGANG EINE KNOBLAUCH-ZEHE IN HAUCHDÜNNE SCHEIBEN SCHNEIDEN?

FENDER RAUS !!
ABER NICHT DOCH VOR ALLEN LEUTEN ?!

ICH FALL AB!!
SEGLER!
BUTSCHKOW

KOHLE,
KOHLE,
WASSER,
WASSER...

DU, HOL DOCH MAL DIE FOCK DICHTER!
DU, HOL DOCH MAL'N BIER!
BUTSCHKOW

EINMAL IN DIE KARIBIK SEGELN!
DANN NIMM ABER AUCH DEN HUND MIT!
BUTSCHKOW

IMMER GERADEAUS, AN DER NÄCHSTEN KREUZUNG RECHTS UND DANN SEHEN SIE AUCH SCHON DEN HAFEN!
DANKE!

„Welcher Idiot hat sich denn wieder auf Deck eingeölt?? Sie, Frau Gräfin?“

Der Palstek, ganz einfach.

„Oh, Gott, wie ging der noch mal?“
Wer kennt das nicht? Immer wieder kommt es zu Problemen bei diesem wichtigsten aller Knoten, dem Palstek. Dabei kann man sich mit ein wenig Phantasie großartig helfen und diesen Prachtknoten unvergeßlich machen! Wenn Sie mal schauen wollen?

Denken Sie doch mal an Loch Ness, da, wo das Ungeheuer Nessi lebt! Also: Wir formen uns diesen berühmten See mittels des Endstückes, schön oval, damit unser Auge auch Freude hat.

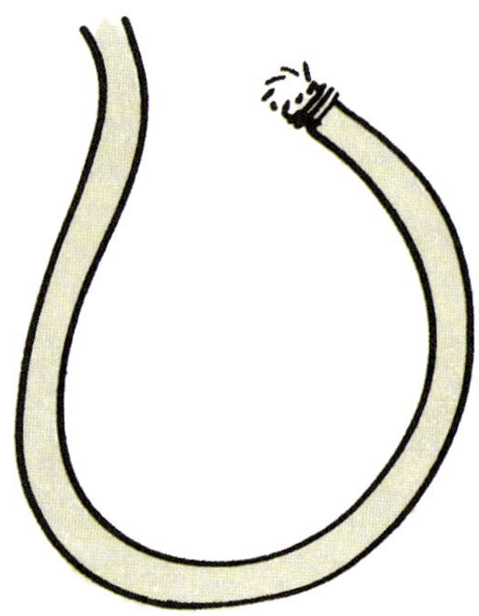

Wir stellen uns vor, Loch Ness ist eingefroren! Oh je, das arme Ungeheuer! Schnell schaffen wir ein Loch, damit Nessi mal ordentlich durchatmen kann. Eben ein Loch Ness.

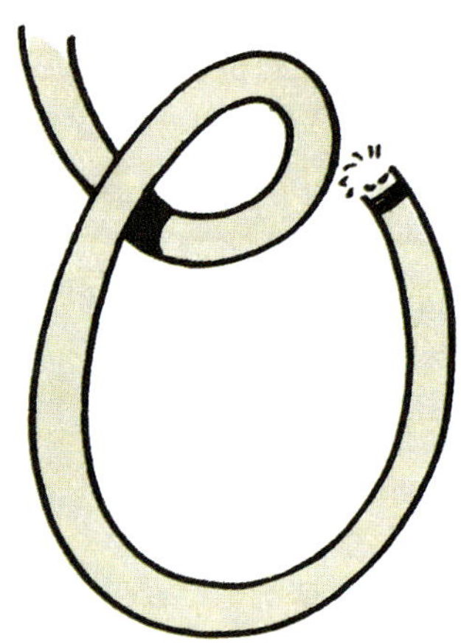

Und siehe da, schwupp, springt doch
dieses übermütige Vieh von unten
durch das kleine Loch im See ...

... taucht fröhlich wieder ein ...

... und kommt auf der anderen Seite
des Sees wieder heraus! Es schaut uns
kurz an, stutzt, und stürzt sich kopfüber ...

... zurück durch das Loch in den See.

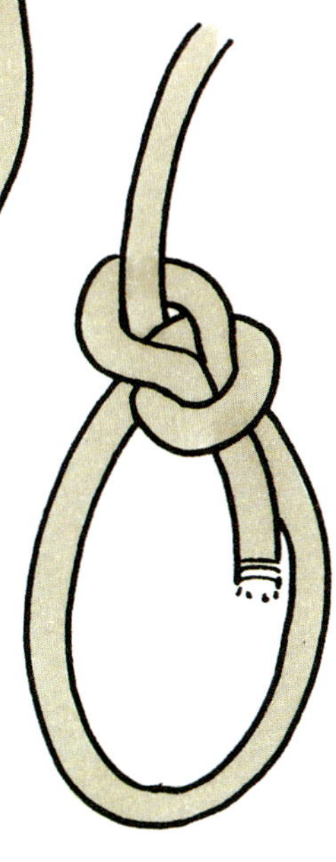

Wir sollten schnell das Loch schließen,
damit Nessi sich nicht erkältet, also
ziehen wir die Öffnung kurzerhand zu.
Fertig ist unser Palstek! Das ging doch
prima, oder? Sie können sich auch selbst
was einfallen lassen, z. B. die Schlange,
die ein Kaninchen jagt?
Knoten können richtig Spaß machen.

Meuterei auf der Mousy

DA!! EIN NOTSIGNAL!!

KLAR ZUR WENDE?
BUTSCHKOW

JETZT VERSTEHE ICH, WARUM EUER KAHN „MATSCHO" HEISST!

WO HATTEST DU DIESE RETTUNGSINSEL GEKAUFT?

DER ANLEGESTEG IST JETZT DIREKT UNTER UNS!

DIE WELLE KAM WIE EIN HOCHHAUS AUF UNS ZU...
ACH, DIE!

Genau für diese Geschichte, die von der mißglückten Wende auf dem Kanal bei Grouw, habe ich in Seglerlatein eine Eins bekommen.

Der Gast

WIR HABEN GRUND-BERÜHRUNG!!
ALLE AN DECK!!
DER WIND HAT GEDREHT!

TRETET NICHT AUF MEINE PANTÖFFELCHEN!!

MEIN PAPA HAT DEN ASCH EIN!
MEINER DEN BESCH EIN!!

MÖCHTEST DU ÜBER DIE LETZTE WENDE NOCHMAL SPRECHEN, RÜDIGER?
THERAPIE
TIM BUKKOWL

SIND DIE LUKEN BACKBORD ZU?

DIE AUGEN MÖCHTE ICH MORGEN IN DER SCHULE SEHEN!
DISNEYLAND, WIR KOMMEN!!
BLEIB AUF KURS! 215 GRAD!

27. November. Immer noch Flaute. Ich habe jetzt 6 Wochen keine Menschenseele gesehen. Nur die üblichen Pausenreiher türmen sich wieder auf meiner Mastspitze und koten mir das Deck voll. Die Tiere machen mit uns doch, was sie wollen.

NA, DAS IS' JA WOHL MEHR'N QUALSTEK, FRÄULEIN SCHULZ?

WO SIND WIR?
BUTSCHKOW

SCHNELL MAL MEINE BRILLE!!

BUTSCHKOW

„Hast du den ängstlichen Blick von dem Käptn gesehen?“

Aus der Serie: „Vorsicht, Segler!“

Als der Vogel aufgewacht, war das Boot schon festgemacht!

„Was sagst du, Echolot?"
„Gut drei Meter ... drei Meter ... drei Meter ... drei Meter ... drei Meter ... drei Meter!"

HAIE !!

NACH MEINEN BERECHNUNGEN MÜSSTE JETZT AN BACKBORD BARBADOS KOMMEN!

Lappans Cartoon-Geschenke

Diverse
Cartoons für Apotheker

Diverse
Cartoons für Computerfreaks

Detlev Kersten
Cartoons für Großeltern

Wilfried Gebhard
Cartoons für Heimwerker

Diverse
Cartoons für Juristen

Karl-Heinz Brecheis
Cartoons für Manager

Johann Mayr
Cartoons für Mütter

Karl-Heinz Brecheis
Cartoons für Pferdefans

Johann Mayr
Cartoons für Radfahrer

Barbara Hömberg
Cartoons zur Schwangerschaft

Peter Butschkow
Cartoons für Tennisfans

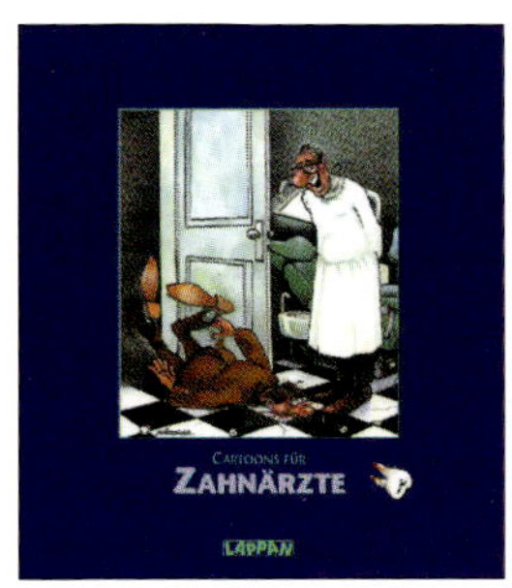

Diverse
Cartoons für Zahnärzte

Weitere Titel aus der Reihe:

Lappans Cartoon-Geschenke

Cartoons für Ärzte
Cartoons für Autofans
Cartoons für Banker
Cartoons für Beamte
Cartoons fürs Büro
Cartoons für Eltern
Cartoons für Ex-(Raucher)
Cartoons für Feinschmecker
Cartoons für Fußballfans
Cartoons für Geburtstagskinder
Cartoons für Golfer
Cartoons für Häuslebauer
Cartoons für Hobbygärtner
Cartoons zur Hochzeit
Cartoons für Hundefans
Cartoons für Katzenfans
Cartoons für Krankenschwestern
Cartoons für Lehrer
Cartoons für echte Männer
Cartoons für Manager
Cartoons für Motorradfans
Cartoons für Psychologen und Therapeuten
Cartoons für Schwiegermütter
Cartoons für Segler
Cartoons für Sekretärinnen
Cartoons zur Silberhochzeit
Cartoons für Singles
Cartoons für Sozialarbeiter
Cartoons für Sportler
Cartoons für Starverkäufer
Cartoons für Studenten
Cartoons für Surfer
Cartoons für Theologen
Cartoons für Verliebte

Wir senden Ihnen gern unser Gesamtverzeichnis: Lappan Verlag GmbH · Postfach 3407 · 26024 Oldenburg. Oder besuchen Sie uns im Internet unter: www.lappan.de oder per E-Mail: info@lappan.de